Preces do Coração

Orações para momentos de intimidade com Deus

PE. FLÁVIO SOBREIRO

Preces do Coração

Orações para momentos de intimidade com Deus

DIREÇÃO EDITORIAL:
Pe. Fábio Evaristo R. Silva, C.Ss.R.

CONSELHO EDITORIAL:
Avelino Grassi
Ferdinando Mancilio
Marlos Aurélio
Mauro Vilela
Victor Hugo Lapenta

COORDENAÇÃO EDITORIAL:
Ana Lúcia de Castro Leite

REVISÃO:
Carlos Leite da Silva
Ana Lúcia de C. Leite

DIAGRAMAÇÃO E CAPA:
Junior dos Santos

Dados Internacionais de Catalogação na Publicação (CIP)
(Câmara Brasileira do Livro, SP, Brasil)

Sobreiro, Flávio
   Preces do coração: orações para momentos de intimidade com Deus / Flávio Sobreiro. – Aparecida, SP: Editora Santuário, 2016.

   ISBN 978-85-369-0469-6

   1. Espiritualidade 2. Orações 3. Reflexões 4. Vida cristã – Meditações I. Título.

16-08111   CDD-242.2

Índices para catálogo sistemático:

1. Orações: Vida cristã: Cristianismo 242.2
2. Reflexões: Vida cristã: Cristianismo 242.2

2ª impressão

Todos os direitos reservados à **EDITORA SANTUÁRIO** — 2017

Rua Padre Claro Monteiro, 342 — 12570-000 — Aparecida-SP
Tel: 12 3104-2000 — Televendas: 0800 16 00 04
www.editorasantuario.com.br
vendas@editorasantuario.com.br

Uma vida espiritual sem oração torna-se tão seca quanto um jardim que nunca é regado.

Prefácio

Cristo fala, e eu falo.

A oração é uma conversa com Deus. Oramos a Ele, por Ele e n'Ele. Falamos com Ele e Ele fala conosco. Às vezes, ficamos inquietos procurando saber como devemos rezar e o que rezar, tememos que as nossas orações não sejam como devem ser. Digamos, então, com o salmo: *Uma coisa peço ao Senhor, é o que procuro: habitar na casa do Senhor todos os dias de minha vida, contemplando a beleza do Senhor* (Sl 27,4).

Preces do Coração: orações para momentos de intimidade com Deus enfoca a importância de bater à porta d'Aquele a quem invocamos, com insistente piedade e ardor de coração. São orações devocionais para que não nos falte a súplica insistente, porque acreditamos que muitas vezes o fruto da oração alcança-se melhor também com lágrimas do que com palavras. Deus tudo criou por meio da sua Palavra, não precisa das palavras dos homens. Como diz o salmo, Deus *recolhe as nossas lágrimas e não lhe são ocultos os nossos lamentos* (Sl 56,8). Sim, vivemos num "vale de lágrimas" e temos a obrigação de constatar a ternura e o carinho do Senhor diante dos nossos lamentos. Recolhidas pelas Senhor, no seu odre, nossas lágrimas se transformarão em oração fundada na confiança e no afeto, e não nos deixaremos vencer pelo desânimo, sendo sempre mais perseverantes (cf. Lc 11,5-10; 18,1-5).

Pe. Flávio Sobreiro procura partilhar conosco suas experiências de sacerdote diocesano como homem de Deus, que caracteriza de maneira profunda o ser do batizado, a comunhão nova com o Cristo, e, nele, com o Pai no Espírito Santo. Ele conhece, a partir da sua intimidade com Deus e da prática pastoral, a necessidade de alcançarmos pessoalmente pelo poder do amor da Trindade o sermos regenerados e reconstituídos à imagem do Filho Unigênito na graça do Espírito (Rm 5,5; Gl 4,4-6).

Nossos agradecimentos por esta partilha de fé que faz conosco e pelo seu incentivo a esta valiosa maneira de crescer no conhecimento misericordioso de Deus por meio da espiritualidade pessoal e popular, em comunhão com as orientações eclesiais, para que não nos faltem a inspiração evangélica, a coerência de vida cristã e o testemunho evangelizador, nos momentos cruciais da vida de fé.

Dom José Luiz Majella Delgado, C.Ss.R.
Arcebispo Metropolitano de Pouso Alegre

Como iniciar uma vida de oração

Na simplicidade da vida e na riqueza espiritual dos escritos de Santa Teresinha do Menino Jesus, encontramos uma definição do que seja a oração em toda a sua beleza e plenitude: "Para mim, a oração é um impulso do coração, é um simples olhar lançado para o céu, é um grito de gratidão e de amor, tanto no meio da tribulação como no meio da alegria".

Muitos livros já foram, estão sendo e serão escritos sobre a vida de oração. Na perspectiva cristã, a oração é alimento para a alma, fortaleza para as lutas espirituais e manancial de bênçãos para o dia a dia.

Assim como o corpo necessita de nutrientes e vitaminas para manter-se saudável, a alma também necessita alimentar-se da oração para manter sua saúde espiritual equilibrada. Se uma pessoa não se alimenta adequadamente, pode contrair uma anemia, e terá que repor as vitaminas que seu organismo necessita para funcionar normalmente. Em nossa vida espiritual acontece o mesmo processo: se não alimentamos nossa alma com uma vida de oração, adquirimos, com o passar do tempo, uma anemia espiritual.

Essa anemia espiritual faz com que a vida e tudo o que dela decorre se torne algo somente funcional. Perde-se o motivo e o sentido daquilo que se realiza no cotidiano da vida. Imune ao desgaste dos problemas e dos sofrimentos, a pessoa, muitas vezes, sente-se sem motivação para continuar a caminhada. A vida perde o sabor porque falta o ingrediente principal no cardápio espiritual da vida: a oração.

Quando já sem forças para continuar sua caminhada, a pessoa olha para trás, vê apenas uma vida na qual realizou tarefas simplesmente por obrigação, mas não deu sentido a elas. Na oração encontramos o motivo maior que nos coloca em contato com aquilo que realizamos. Nossa ação é consequência daquilo que nós somos espiritualmente, caso contrário nos tornamos apenas escravos de um ideal ou projeto.

Muitas pessoas se perguntam: "Por que orar?" Oramos não porque Deus precise das nossas orações, mas para que nosso coração seja aberto para percebermos a presença de Deus Pai em nós.

Uma vida espiritual sem a oração torna-se tão seca quanto um jardim que nunca é regado. Sem água as flores morrem aos poucos. É a água, o adubo, o cuidado que temos com o jardim que faz com que ele cresça e seja belo! Na vida de oração o mesmo processo acontece: se não dedicarmos um tempo para estarmos a sós com Deus, iremos aos poucos deixando nossa espiritualidade seca e sem vida.

Nem sempre os momentos de oração são agradáveis. Em nossa humanidade deficiente, há dias em que oramos e não sentimos absolutamente nada. Parece que estamos ali, mas Deus não está do nosso lado. A caminhada espiritual é um percurso inconstante e nem sempre linear. A nossa vida de oração é semelhante a um gráfico que tem seus momentos de auge e depois ocorrem as quedas. Esse processo é conhecido pelos grandes mestres da oração e místicos como desertos espirituais.

Se nossa vida de oração fosse sempre constante e perfeita, talvez corrêssemos o risco de nos acomodarmos e pensar que não precisaríamos mais orar. Os desertos espirituais nos tiram de nosso comodismo espiritual e nos ensinam que Deus também está presente nos momentos em que não estamos percebendo sua presença ao nosso lado.

Alguns, em sua caminhada de oração, desistem de atravessar o deserto espiritual e abandonam o percurso pela metade. Quando isso ocorre, a pessoa se afasta de Deus e busca por suas próprias forças encontrar sentido na vida. Quando descobre que o sentido da vida está no Senhor e que sem Ele a caminhada é vazia, volta para os braços do Pai e redescobre na oração a luz que lhe retira das sombras de uma noite na qual estava sem rumo e perdido.

Quando oramos fazemos a experiência de Deus em nós. Uma vida de oração transforma a alma num jardim florido, no qual cada flor revela um dom de Deus para ser colocado a favor de cada irmão e irmã. No cotidiano da nossa história a oração é uma ponte que nos liga a Deus e aos nossos irmãos.

Diz um antigo ditado que a pressa é inimiga da perfeição. Infelizmente, somos escravos da pressa, principalmente na sociedade em que vivemos. Tudo acontece em uma velocidade muito rápida. As notícias chegam até nós no momento em que os fatos acontecem. A comunicação está a um clique de nossas mãos. E neste tumultuado mundo em que habitamos e vivemos desaprendemos de saborear os momentos. Na pressa que nos convida a estarmos sempre agitados interiormente, fazemos tudo no impulso da agilidade que o tempo nos exige.

Essa realidade de uma vida agitada e tumultuada tem seus reflexos em nossa vida espiritual. Enfermos da síndrome da pressa, nossa caminhada espiritual sofre as consequências de nossa agitação. Rezamos com tamanha rapidez que não conseguimos viver e sentir a força profunda das orações em nossa alma. Perceba seu modo de orar. Na maioria das vezes, as orações que saem de nossas bocas não acompanham o ritmo de nossa alma. Tudo muito veloz, quando não muito mecânico.

Quando olhamos para essa realidade latente em nossa vida de fé, percebemos claramente que na maioria das vezes estamos ligados no botão automático. Quando foi a última vez que saboreamos internamente uma oração do Pai-Nosso rezada com calma e profundidade? Das celebrações litúrgicas que temos participado quantas temos gravadas com profundidade em nosso coração?

A vida espiritual requer de nós a tranquilidade roubada pelas agitações. Nossas orações necessitam da calma e da paz que nos permitem saboreá-las internamente. Todo excesso de pressa furta de nós uma autêntica construção de nossa vida interior. Faz-se necessário desligarmos o botão automático quando nos propomos a momentos de oração.

Muitas vezes será preciso reaprendermos a descobrir onde em nosso coração se encontra o lugar sereno que nos permite estarmos totalmente com o Senhor. Distantes de nós mesmos e imersos na velocidade alucinante da vida, estamos condenados a fazer de nossos momentos espirituais apenas mais um momento que não deixa marcas profundas em nossa caminhada espiritual.

Antes de começar a orar, pare, respire e, uma vez adquirida a serenidade na alma, comece sua oração. Saboreie cada palavra que sua boca pronuncia e no silêncio de seu coração deixe emergir as mais sinceras preces que nascem de sua alma.

Reduzindo nossa velocidade interior iremos vivenciar os momentos de oração como oportunidades de crescimento espiritual e humano. Entre os muitos benefícios que um momento de oração mais tranquilo nos proporciona iremos descobrir que, mesmo que tenhamos pouco tempo para orarmos, estes serão profundos. Iremos também aprender a reagir com mais calma diante de situações que necessitam de maior serenidade para serem solucionadas. E iremos ainda experimentar que a paz de Deus pode ser uma realidade em meio ao tornado de demandas que a vida nos apresenta.

Uma das maiores dificuldades de quem abraça o propósito de iniciar uma vida de oração é a perseverança. Começar não é fácil, e persistir na decisão, menos ainda. Todas as decisões na vida necessitam de disciplina, caso contrário estarão condenadas ao fracasso. A vida de oração não é diferente. Ela requer: disciplina, perseverança e fidelidade.

O primeiro passo é adquirirmos a consciência da importância da oração em nossa vida espiritual. Sem uma vida de oração, nossa alma desfalece. E quando isto ocorre, nos perdemos em primeiro lugar de nós mesmos. Em segundo lugar, nos perdemos de nossos irmãos e irmãs. E, em terceiro lugar, nos perdemos de Deus.

Deus permanece fiel ao nosso lado. Nós, contudo, nos afastamos dele e de sua presença. E, uma vez afastados, peregrinamos sem rumo. Não sabemos para onde caminhamos e nem qual a direção correta para os nossos passos. Uma vida de oração fecunda nos devolve ao porto seguro de nossa caminhada espiritual: o próprio Deus.

Adquirida esta consciência da importância da oração na vida espiritual, seguimos para o segundo passo: a decisão de orarmos. Este passo é também difícil. No início irão surgir mil e uma coisas mais importantes a serem feitas. A decisão requer coragem para avaliar quais são as verdadeiras prioridades para o nosso bem-estar espiritual. Muitas demandas da vida diária que antes não eram tão importantes surgirão como prioridades urgentes para o momento presente. Diante desses conflitos humano-espirituais será preciso parar, olhar com calma a realidade presente, e decidir o que é mais importante para a alma naquele momento.

Uma vez decididos a dedicar um momento do dia à vida de oração, seguimos para o próximo passo: a escolha do tempo de oração. Para quem nunca cultivou uma vida de oração será preciso prudência e discernimento. No momento do impulso poderão surgir decisões precipitadas. Muitos começam sua vida de oração com uma hora diária, e depois de cinco dias estão desesperados e não conseguem ficar nem mais um minuto em oração. É preciso equilíbrio quando o assunto é tempo. Não adianta começar uma rotina de oração com uma hora se ainda não está acostumado a rezar nem vinte e cinco minutos sozinho. Um bom tempo para se reservar neste primeiro momento é vinte minutos diários de oração. Antes vinte minutos bem rezados do que uma hora de eterno desespero.

Comece com vinte minutos diários e, com o tempo, se sentir necessidade, aumente gradativamente esse período. No entanto, esse processo tem de ser realizado com muita calma e tranquilidade, respeitando seu ritmo interior e seu progresso espiritual.

Após termos definido o tempo de nosso momento de oração (vinte minutos diários), será preciso escolher o melhor horário para nos recolhermos em oração. Muitos gostam de começar seu dia com um profundo momento de oração. Outros preferem encerrar as atividades diárias com um momento de oração. Em ambos os casos tudo vai depender de sua disponibilidade externa e interna.

A disponibilidade externa se dará levando em consideração inúmeros fatores. É indispensável definir o melhor horário para que você possa se recolher em oração sem ser importunado. Muitos, ao acordarem logo pela manhã, têm inúmeras tarefas a serem desempenhadas no lar: preparar o café, arrumar as crianças para escola, organizar a casa... Outros ainda não conseguem se recolher em oração à noite, pois estão extremamente cansados após um longo dia de trabalho. Alguns escolhem um momento ao longo do dia no qual estejam sozinhos em casa, e nesse momento fixam o tempo sagrado de oração diária. Nesse ponto é importante que haja muita sinceridade em seu coração ao escolher o momento mais adequado para orar. Olhe sua rotina diária e busque dentro dela o momento que melhor se adapte às suas atividades. Leve em consideração que o momento escolhido não pode ser um fardo a ser cumprido, mas deve ser um momento agradável em que você possa entregar-se de alma e coração.

A disponibilidade exterior caminha de mãos dadas com a disponibilidade interior. Esse elemento é muito importante quando nos dispomos a orar. De nada adianta encontrarmos o melhor horário em nosso dia para orarmos se não estivermos abertos interiormente para esse momento. É óbvio que haverá dias em que não estaremos nem um pouco dispostos interiormente para o momento de oração. Nessas ocasiões será preciso voltar a um elemento fundamental na vida de oração, o qual se chama fidelidade. Ser fiel à proposta assumida. Ser fiel mesmo que a alma coloque em primeiro lugar outras urgências que na ocasião pareçam ser mais importantes. A esses sentimentos poderíamos chamar de "fugas" diante de um compromisso que assumimos, e que a princípio pode parecer menos importante. Mas o que é realmente mais importante? O que é prioridade diante das escolhas que fazemos em nossa vida? O que é essencial e o que é periférico na minha vida? Qual o cuidado que estou tendo com minha vida espiritual?

Uma vez escolhido o melhor horário, seguimos para mais um passo, o qual denominamos: respeito ao seu tempo interior. Importante é observar em sua alma qual o melhor horário para seu momento de oração. O respeito ao seu tempo interior é fundamental. Se você não consegue concentrar-se logo pela manhã, pois as atividades e demandas próprias desse período do dia não lhe ajudam a recolher-se em oração, será improdutivo marcar durante este período do dia seu momento de oração diário.

O mesmo se refere ao período noturno. Se, após um longo dia de trabalho cansativo, o que mais você deseja é chegar a casa e descansar, e se, ainda, todo o cansaço psicológico e físico do dia o impede de recolher-se em oração, será adequado neste caso usar o bom senso e escolher uma outra ocasião mais oportuna.

O melhor horário é aquele que lhe permite recolher-se em silêncio sem ser importunado, que lhe ajude a silenciar-se tanto interior quanto exteriormente, e no qual seu ritmo interior se adapte melhor. Com muita tranquilidade, olhe para seu dia e veja qual momento será importante para dedicar-se aos vinte minutos em oração. Lembre-se sempre: se não conseguir encontrar um horário para seu momento de oração, faça uma profunda análise de como deseja cuidar melhor da sua vida espiritual. Tempo é questão de prioridade. Orar não é um elemento que deve se encaixar na nossa rotina diária, mas um momento que faz parte dela. O horário, nós escolhemos sabendo que a oração é parte da vida, e não algo isolado e fora dela.

Vivemos em um mundo altamente agitado. Acordamos de manhã com o movimento e barulho em nossa casa e os sons externos da cidade anunciando que a movimentação de mais um dia já começou. Vamos para o trabalho com os ouvidos sendo bombardeados por todo tipo de sons: alto-falantes, buzinas, motores dos veículos, gente falando alto, pessoas se comunicando nos celulares... Toda essa movimentação sonora é causa de estresse para o nosso psiquismo, e também para a nossa espiritualidade.

Temos necessidade de nos silenciarmos, embora essa realidade esteja a cada dia mais distante de nós. Estamos imersos no barulho. Se até algum tempo atrás o barulho era sonoro, hoje ele é psicológico. Mesmo quando não estamos ouvindo os sons externos, nossa mente ocupa-se com outros tantos afazeres que nossa consciência não consegue aquietar-se.

Em tempos de tecnologia, os computadores, *tablets* e celulares nos deixam silenciosos vocalmente, mas nossa mente está sempre inquieta e agitada. A todo momento temos a necessidade de verificar nosso perfil na rede social, ou responder alguma mensagem pelo WhatsApp. Vivemos imersos em um silêncio tumultuado de agitações e afazeres que requerem de nós respostas instantâneas.

Aos poucos o silêncio foi perdendo sua essência do não falar, para ocupar outro lugar em nossa vida. Já não basta mais o som dos motores dos veículos cessarem, a buzina dos carros se calarem, o som ser desligado e nossas bocas não pronunciarem palavras; a mente encontra-se ocupada com outras linguagens que nos roubam o silêncio que perdeu sua verdadeira natureza.

Uma vida de oração requer momentos profundos de silêncio, em que fiquemos desligados de tudo o que nos rouba a quietude externa e interna para estarmos ligados e conectados com Deus. O primeiro passo para a quietude interior, que é uma preparação prévia para o momento de oração, é nos desconectarmos de tudo aquilo que não é benéfico para o nosso recolhimento interior. Muitas vezes teremos que travar uma verdadeira luta interior caso desejemos aprofundar-nos nos caminhos da oração.

Não podemos nos comunicar verdadeiramente com uma outra pessoa se ela está falando conosco e nós estamos respondendo uma mensagem no celular ou atualizando nosso perfil na rede social. É evidente que quando praticamos esses gestos, que não são educados, estamos deixando claro para a outra pessoa que naquele momento o mais importante não é ela, mas sim o que eu estou fazendo.

Em nosso relacionamento com Deus precisamos estar plenamente presentes naquele momento, e para isso se faz necessário deixarmos de lado tudo o que possa atrapalhar nosso encontro. Desligue seu computador ou seu *tablet*, silencie seu celular, e coloque-os um pouco longe de seu alcance. Use uma música tranquila e calma para aquietar-se. Respire algumas vezes profundamente, retirando de seus pulmões todas as tensões que seu corpo foi acumulando ao longo do dia. Aos poucos vá se pacificando. Acalme as emoções, os medos, as raivas... Deixe-se inundar pela paz que brota do *coração de Deus*. Se sentir vontade de verificar sua rede social, ou suas mensagens instantâneas no celular, lembre-se: há um momento para cada coisa, e agora você estará com Deus em oração, e essa ocasião merece toda a sua atenção e serenidade.

Aquietados interiormente, desconectados de tudo aquilo que possa nos roubar a atenção, estamos disponíveis para dar início ao nosso momento de oração.

E agora? Qual caminho seguir, quais passos trilhar? Em primeiro lugar, vale ressaltar que a nossa vida será a matéria de nossa oração. Mas isto não exclui a possibilidade de rezarmos pelo mundo e seus mais complexos desdobramentos que as pessoas enfrentam. A vida como um todo sempre será a matéria-prima de nossos momentos de oração e diálogo com Deus.

Peça sempre o auxílio do Espírito Santo. Faça desse momento uma ocasião profunda para que sua alma seja iluminada pela graça do Paráclito. Ele é nosso consolador, ele acalma e devolve a serenidade necessária para trilharmos este momento na profundidade que nos torna disponíveis para ouvirmos a voz do Amado em nosso coração.

É preciso apresentarmo-nos diante do Amado como nos encontramos: com todas as angústias, súplicas e louvores que nossa alma carrega. Não é possível nos colocarmos em oração e desvincularmos os anseios e ação de graças impressos em nosso eu mais profundo.

Coloque-se na presença de Deus apresentando sua vida sem máscaras ou maquiagens. Não há por que esconder-se diante daquele que conhece as profundezas de nossa alma. Deus tudo sabe, mas expressar o que estamos sentindo é um caminho espiritual para criarmos intimidade com Ele. Deixe seu coração falar... Não tenha medo de expor-se. Rasgue o véu da vergonha que encobre seus pecados.

Pedindo o auxílio do Espírito Santo, nós nos apresentamos diante do Pai como filhos desejosos de um encontro profundo no grande mistério de amor que envolve nossas fragilidades e abraça nossas feridas. Sem que percebamos, a oração vai ganhando contornos divinos e, aos poucos, vamos nos deixando envolver pelo amor misericordioso de Deus que está diante de nós, no silêncio que nos reveste de luz e paz.

Não tenha pressa em abrir seu coração. O tempo é nosso amigo, e não um vilão que tenta nos roubar de nossas atividades. Orar é estar profundamente mergulhado no amor de Deus. Jesus Cristo, o Verbo do Pai, nosso Salvador, recolhia-se muitas vezes no alto de uma montanha para esses momentos de intimidade profunda e amorosa com o Pai. A vida continua em seu ritmo de sempre, e a oração nos prepara espiritualmente para descermos a montanha com o coração pleno da presença do Amado, que em nós já não é mais um estranho, mas sim um Pai, um Amigo, que nos acompanha em cada nova situação a ser vivenciada.

Quando mergulhamos na oração, nossa alma entrega-se Àquele que não cansa de buscar-nos. Orar é muito mais do que pronunciar palavras, é uma imersão nos braços do amor divino. Mesmo no silêncio podemos ser ouvidos. Deus escuta os silêncios da alma e decifra os códigos secretos dos sofrimentos que por vezes não conseguimos expressar.

Os santos fizeram em vida a experiência de deixarem-se conduzir pelo Autor da Ternura. Em Cristo abandonaram todas as suas certezas e cultivaram a cada dia a dependência da graça celeste. Dependentes de Deus somos guiados apenas por uma única verdade, quando mergulhamos de alma no Coração Sagrado do Amor de Deus nada mais pode roubar-nos o tempo precioso que ocupamos com nosso Amado Senhor.

O grande segredo da santidade não consiste em fazermos grandes coisas, mas fazer com amor as pequenas atividades de cada dia. Se em cada tarefa estiver nosso coração orante, então aquilo que fizemos terá em si mesmo toques de santidade, e o amor de Deus acompanhará a alma de quem cumpriu sua obrigação com a ternura divina.

Orar é estabelecer com o céu uma ligação que supera o espaço e o tempo. Quando oramos, o tempo deixa de contar os segundos e minutos porque estamos presentes na eternidade do amor. No coração amoroso de Deus o tempo não existe, porque quando somos amados e amamos nenhum relógio pode marcar o tempo de amar.

O silêncio nos liga com o amor. Nessa sintonia profunda do encontro de nossa experiência terrena com a divindade celeste, as palavras ocupam um lugar secundário, pois quando o Sagrado Coração de Cristo se encontra com a fragilidade de nosso humano e pecador coração somos imersos na plenitude da misericórdia que abraça todas as nossas fragilidades e nos resgata das trevas, inaugurando em nossa vida a aurora de um novo tempo.

A simplicidade da vida de oração consiste em não procurarmos palavras difíceis para pronunciarmos diante do Senhor Amado. Ele sabe o que nossa alma deseja antes mesmo que nossas palavras ecoem da alma ou dos lábios. Falar ajuda a eliminar o medo que as dificuldades semeiam em nossa alma. Não é preciso um dicionário de palavras complexas para rezarmos em nossos momentos de oração, basta apenas falarmos a linguagem do amor e seremos compreendidos como na claridade das manhãs de sol, ao alvorecer.

Orações para os momentos de fraqueza

Oração para superar a depressão

Senhor, Mestre da Vida,
Rei da Paz e Divino Conselheiro:
vem em auxílio às minhas angústias,
que por vezes me aprisionam
e me roubam o direito de ser feliz.
Há momentos em que não encontro
o sentido da vida,
e a tristeza me aprisiona
nas tramas do medo
e da preocupação sem motivo.
Sei que não é fácil caminhar preso
a tantos sentimentos negativos
e que ofuscam o brilho do amanhecer.
Necessito de tua graça a guiar-me
pelos caminhos seguros.
Dá-me tua mão quando eu me sentir
sozinho e sem forças.

Renova em meu coração o desejo de viver.
Que ao amanhecer de um novo dia
minhas forças sejam restauradas.
Reconstrói em teu amor
este vaso que hoje se encontra despedaçado.
Liberta-me de tudo aquilo que me impede de caminhar
com passos seguros e confiantes no amanhã.
Não aceito mais ser vítima desta enfermidade
que me rouba o direito de ser feliz.
Com tua misericórdia e com a força desta oração
para vencer a depressão,
sei que irás realizar uma obra nova em minha alma.
Quero viver em tua presença a mais bela história
de um novo tempo.
Ajuda-me, Senhor, a reescrever meus dias,
com as alegrias do sorriso, da paz e da bênção.
Amém!

Oração contra a depressão

Espírito Santo, Médico da Alma,
Consolador Divino e Refúgio dos corações
angustiados,
vem em auxílio das pessoas depressivas,
inaugura um novo tempo de paz e luz,
em meio às trevas do medo e da tristeza.
Espírito de Fortaleza,
sê a rocha inabalável para quem caminha
desiludido
e que sem forças está parado à margem da vida.
Espírito de Sabedoria,
ilumina as decisões de cada alma,
com o amor divino e a paciência humana.
Espírito de Ciência,
ajuda a cada pessoa perceber
que Deus é o Senhor da vida e da história,
e quem sem Ele a vida não tem sentido.
Espírito Consolador,
sê sempre a Palavra que restaura a alma
desesperada

e edifica o coração atribulado.
Espírito de Entendimento,
dá às vidas feridas a capacidade de compreender
que somente o amor divino e misericordioso
transforma o coração amargurado
e inaugura um novo tempo de paz e esperança.
Espírito de Piedade,
fortalece na fé as almas vacilantes
e os corações desanimados.
Espírito de Temor
ensina aos revoltados o valor da alegria solidária
e da partilha fraterna,
que transforma o rancor em amor,
e inaugura o tempo da plenitude da caridade.
Santo Espírito Criador,
renova os corações depressivos,
e liberta-os das ciladas do inimigo;
afugenta os pensamentos suicidas,
e inaugura em cada alma
a certeza de um tempo novo
de paz, misericórdia e amor,
na plenitude da graça divina.
Amém!

Oração do enfermo

Senhor Jesus Cristo,
diante de teu corpo crucificado e chagado,
apresento minhas dores e sofrimentos.
Não é fácil viver em meu corpo as chagas da enfermidade.
Muitas vezes desanimo e desfaleço diante de tantas situações que parecem sem solução ou incompreensíveis
ao meu coração tão sofrido e ferido.
Renova em minha alma a confiança em tua misericórdia.
Concede-me a necessária paciência diante dos sofrimentos,
alivia as dores e derrama o bálsamo de teu amor em minhas feridas do corpo e da alma.
Médico dos médicos,
Enfermeiro da alma e Rei da Vida,
vem em meu auxílio e ajuda-me
a testemunhar na dor a alegria de carregar a cruz como sinal de minha fidelidade e amor a ti,

meu amado Jesus Cristo.
Que crucificado contigo na dor
eu ressuscite também em teu amor.
Amém!

Oração de cura interior

Senhor, Mestre da Vida,
a ti apresento meu coração ferido e em chagas.
As dores da incompreensão tornaram meus dias amargos,
e hoje vivo preso nas correntes da decepção,
da tristeza e da desilusão.
Preciso da liberdade dos Filhos de Deus,
para viver a plenitude da graça diária.
Restaura minha vida,
para que eu possa reescrever minha história
com as alegrias de um novo tempo.
Inaugura em minha alma a primavera da serenidade,
para que no jardim de meu coração germinem
as sementes da paz.
Concede-me o discernimento necessário
para enxergar as mudanças necessárias que necessito
realizar em minha vida.
Que a cada manhã eu recomece

em teu amor, e distribua tua bondade
em gestos de misericórdia.
Derrama o bálsamo da cura
sobre as feridas que ainda vertem
o sangue da tristeza, da mágoa e do ódio.
Teu amor cicatriza todas as chagas
que sozinho não consigo curar.
Em ti sou luz. Contigo sou amor.
Para ti sou filho amado.
Vem em meu auxílio, Médico da Alma,
e concede-me a graça de testemunhar na vida
teu amor restaurador que cura o interior
e restaura vidas despedaçadas pela dor do
desamor.
Amém!

Oração de cura e libertação

Arcanjo Rafael, cujo nome significa: Deus cura,
vem com tua presença de luz
irradiar as graças de tua presença curativa!
Derrama o suave bálsamo da misericórdia
nas feridas do espírito,
que, cansado e chagado,
clama ao Pai de Amor
uma gota de paz e de esperança.
Visita os enfermos que, angustiados,
suplicam a cura divina,
Acalma os corações aflitos
e as almas deprimidas.
Sê presença confortadora
junto ao leito dos agonizantes.
Ilumina os corpos sofridos com a luz do amor
divino.
Acompanha os que aguardam resultados dos
exames,
e concede esperança a todos que estão em
tratamentos médicos.

Divino Arcanjo Rafael, portador da cura,
purifica as feridas do corpo e da alma,
e intercede a Cristo por todos os enfermos.
Irradia a tua luz sobre nós,
para que na saúde ou na doença louvemos ao
Pai Celeste
em todos os momentos de nossa existência!
Glorioso e poderoso São Miguel Arcanjo,
liberta as almas aprisionadas pelas forças do
mal,
dá-lhes a paz confortadora,
e acompanha todos que caminham pela vida
na escuridão dos sentimentos negativos.
Protege os espíritos vacilantes
contra as tentações do inimigo,
e afasta do coração enfermo
todas as doenças espirituais e corporais.
Valoroso Arcanjo Gabriel,
capacita-nos a levar a todos os nossos irmãos e
irmãs
palavras de libertação e cura,
para que, uma vez mergulhados no amor de
Cristo,
anunciemos o amor e a misericórdia,
na vida nova que Ele nos concede!
Amém!

Oração de cura e libertação para alcoólatras

Senhor misericordioso, vê minha aflição,
que tua bondade infinita percorra as dores de meu coração.
Hoje, as teus pés chagados venho depositar
os nomes destas pessoas que em tua graça
precisam se libertar
do vício do álcool que tanto mal faz, pedindo-te
pela saúde de quem se embriaga e dos
familiares vítimas do mal
que a bebida provoca no lar.
Em tuas chagas feridas de amor deposito *(diga os nomes das pessoas que você deseja que sejam libertas do vício do alcoolismo).*
Por tua misericórdia, atende-me!
Por tua bondade, socorre-me!
Não tenho a quem recorrer, pois somente tu,
Senhor,
podes realizar o milagre na vida desta pessoa

vítima do alcoolismo.
Aos teus pés coloco-me suplicante.
Vem restaurar esta vida que a cada dia vem sendo destruída
pelo mal da bebida, e que tem destruído minha família e meu lar.
Senhor, ouve, por favor;
Deus misericordioso, socorre-me em teu amor.
Arcanjo Miguel, intercede por nós
e, com tua milícia celeste,
afasta-nos do mal.
Amém!

Oração de libertação espiritual

Espírito Santo de Luz,
habita minha alma,
e faz de meu coração tua morada.
Senhor Jesus, Mestre da Vida,
que venceste o mal com o bem,
e afugentaste as forças malignas
para longe de tua presença,
liberta minha alma de todo mal,
e livra-me das influências das trevas.
Que a luz de tua infinita misericórdia
ilumine todas as áreas da minha vida,
para que eu caminhe em tua graça e poder.
Deus Santo, Altíssimo, Onipotente,
livra-me de todos os ataques do demônio,
e liberta-me das forças contrárias,
que insistem em prejudicar-me.
Senhor, Amado Soberano,
liberta-me do mal, hoje e sempre!
Amém!

Oração para a cura das feridas espirituais

Espírito Santo de amor,
Advogado das causas impossíveis,
vem defender minha alma
dos males que lhe roubam a paz
e o direito de ser feliz.
Santo Espírito Conselheiro,
concede-me sabedoria
para que eu fale quando necessário
e silencie quando for preciso.
Ensina-me o silêncio dos sábios
e a prudência dos valentes.
Médico Divino da alma,
derrama o bálsamo da misericórdia celestial
sobre as feridas do tempo,
que em meu coração
ainda sangram de dor e arrependimento.
Restitui minha alegria,
e inaugura em minha história

um novo tempo,
nascido da graça de tua presença.
Restaura meus caminhos,
e guia-me com tua luz
pelos vales tenebrosos do desânimo,
da tristeza e da revolta.
Santificador da Vida,
hoje rendo-me ao teu amor infinito.
Que tua suave brisa de consolação
me devolva a paz.
Minha alma grita por ti:
ouve-me,
atende-me,
socorre-me!
Amém!

Oração de restauração da alma

No silêncio da noite que convida à serenidade da alma,
venho diante de ti com meu coração agitado.
Nem sempre é fácil amar quando há tanto desamor
em almas que errantes caminham semeando ódio
e cultivando discórdias.
Eu, porém, sigo firme em teu amor.
Santo ainda não sou, mas em ti
busco santificar-me.
Ensina-me a cuidar das coisas da terra
como se já vivesse no céu.
Faz de minhas palavras o bálsamo que cura
as feridas do coração e alivia as dores da alma.
Sim, em ti busco suportar as ofensas,
porque na cruz que carrego
contemplo a glória da vida
que doa e se faz nova em cada gesto de amor.
Faz-me florir no jardim onde tu me plantaste.
Amém!

Oração para recomeçar

Quando nas pedras eu tropeçar,
ajuda-me a levantar.
Quando a dor chegar,
acalma-me em teu amor.
Sabes, Senhor,
que nem sempre é fácil recomeçar,
mas tua graça vem me sustentar.
Não permitas que me perca
nas pequenas coisas que não deram certo,
mas abre meus olhos
para que veja o que ainda posso fazer e ser.
Contigo quero seguir,
por isso sê meu farol
a indicar o caminho certo a trilhar,
o amor a partilhar,
e misericórdia a ofertar.
Derrama o bálsamo da paz
nos ferimentos da alma,
nas cicatrizes da dor,
e inunda-me com teu amor.

Se no desânimo eu tropeçar, levanta-me
com teu poder.
Se nas horas de aflição eu maldizer,
perdoa-me em teu amor.
Se nas quedas eu me machucar,
cura-me para te louvar.
Amém!

Oração para ouvir a voz de Deus na vida

Senhora do Silêncio,
Virgem Santíssima do Divino Amor,
cobre-nos com teu santo manto da paz,
e ensina-nos o valor do silêncio
diante dos tempestuosos conflitos.
Mãe da Paz, ensina-nos a ouvir a voz
nos pequenos e grandes acontecimentos da
vida;
e assim, com teu "sim", ajuda-nos a fazer a
vontade de Deus
em nossa vida.
Mãe Misericordiosa,
que em silêncio meditava todas as coisas
no coração, e na cruz
tiveste o coração trespassado pela espada da dor
ao veres teu Amado Filho
oferecer a própria vida como resgate
para nossa salvação;

ilumina-nos com teu exemplo de abandono
e confiança à divina vontade do Pai.
Senhora da Paz,
que teu silêncio nos motive
a vivermos unidos rumo
ao Reino definitivo
de Nosso Senhor e Salvador Jesus Cristo.
Nas tribulações: ensina-nos a silenciar e confiar.
Nas desavenças: ensina-nos a silenciar e perdoar.
Nas tempestades: ensina-nos a silenciar e orar.
Amém!

Oração de restauração

Senhor, tu que és o Oleiro
que restaura os vasos quebrantados,
vem em auxílio às minhas necessidades.
Entrego-te todos os meus cacos,
quero ser um vaso novo em teu amor.
Oleiro divino,
refaz por completo todas as marcas
que o tempo esculpiu
com o pecado em minha alma.
Diante de ti coloco-me sob tua providência.
Novo quero ser.
Restaurado quero viver para teu louvor.
Oleiro de amor,
restaura meu coração,
minha vida e todo o meu ser.
Já não mais quero caminhar pela vida
nos erros de uma noite que insiste em não
terminar.
No alvorecer de um novo dia
quero estar em tua presença
e viver renovado em tua graça.
Restaura-me, por favor.
Amém!

Oração de transfiguração

Senhor,
que te transfiguraste de glória
diante de teus discípulos,
dá-nos a graça de transfigurarmos
nossos gestos de maldade
em gestos de amor e paz.
Que a luz que brilhou de teu amor
reacenda em nossa vida
a chama da fé e da esperança.
Que nossos passos
deixem marcas luminosas
pelo caminho da história,
e que diante de ti sejamos reflexos de teu amor
para todos aqueles
que de nós se aproximarem.
Transfigura nosso ódio em amor,
nossa descrença em fé,
nossa ansiedade em paciência,
nosso ódio em perdão,
nossa inveja em oração.

Que sejamos no mundo
a luz de tua paz e misericórdia.
Assim seja!

Orações para pedir proteção

Oração de proteção contra o mal

Santos Anjos da Guarda,
guiai-me sempre nos caminhos do bem;
despertai meu coração para a solidariedade;
e livrai-me de todo mal.
Glorioso Arcanjo Miguel,
valente guerreiro do amor,
defende-me das ciladas do inimigo,
e sê meu escudo contra as forças do mal.
Glorioso Arcanjo Gabriel,
portador das boas notícias,
ajuda-me a levar sempre esperança
aos corações tristes e sofridos,
e purifica minhas palavras
com a doçura da ternura.
Glorioso Arcanjo Rafael, o anjo da cura,
vem em auxílio das minhas feridas
espirituais e emocionais;
e dá-me a graça de levar o bálsamo do amor

a curar aos corações feridos.
Santos Anjos protetores,
acompanhai-me e nunca afasteis vossa bondade
de minha presença.
Amém!

Oração ao Anjo Protetor

Santo Anjo da Guarda, meu poderoso protetor,
guarda-me sempre na paz de teu amor.
Dos perigos: livra-me,
do mal: liberta-me,
e nos momentos de angústia: consola-me!
Durante o sono, vela sobre meu descanso,
não deixes o mal de mim se aproximar,
sob as asas de teu amor
possa nos meus sonhos habitar!
Nesta noite de luz, afugenta as trevas do medo,
afasta também as tentações,
para que minha alma tranquila
descanse sem aflições.
E que no alvorecer de um novo dia
eu acorde feliz e restaurado,
e seja para o mundo
testemunha de ser sempre por ti amado!

Oração ao Anjo da Guarda

Santo Anjo da Guarda,
protetor divino de meu caminhar,
leva-me sempre pelo caminho do bem,
para que na assembleia dos justos possa sempre
te louvar.
Guia-me sempre pelos caminhos de luz,
sê minha proteção celestial,
para que, livre das trevas do medo,
contigo possa sempre estar.
Não deixes que eu me perca pelos vales
tenebrosos,
das noites escuras da maldade me livra,
sob tua poderosa proteção sempre me guia.
Conduz-me sempre com paciência e ternura,
dos perigos me livra,
afasta-me dos abismos da morte,
para que, livre do mal,
possa meus irmãos sempre amar.
Amém!

Oração aos Divinos Arcanjos

Divinos protetores celestiais,
seres de luz e amor,
acompanhai-me ao longo deste dia.
Protegei-me contra os perigos do inimigo.
Defendei-me das ciladas do mal.
Guiai meus passos no caminho do bem.
Arcanjo Gabriel, ajuda-me
a ser portador das boas notícias.
Arcanjo Rafael, concede-me levar o bálsamo
da misericórdia que cura os males da alma.
Arcanjo Miguel, sê meu defensor
das armadilhas do demônio.
Amém!

Oração poderosa a São Miguel Arcanjo

São Miguel Arcanjo, Príncipe da Milícia Celeste,
Valente Guerreiro e Combatente Divino contra as forças do mal;
defende-nos das trevas que nos roubam a paz,
do medo que nos paralisa,
e das tentações que nos escravizam!
Protege-nos dos sentimentos de vingança,
das trevas do ciúme,
e do ódio que nos faz reféns da maldade.
Guia-nos pelos caminhos de luz,
conduz nossos passos às planícies serenas
e livra-nos do mal que tenta nos corromper.
Acompanha-nos em cada passo,
amparando-nos nos momentos de dificuldade,
e indicando-nos com segurança
o caminho do bem, da paz e da misericórdia.
Glorioso São Miguel Arcanjo,
nas lutas contra o mal: defende-nos;

das ciladas do inimigo: liberta-nos;
frente ao medo: dá-nos coragem;
diante da morte: socorre-nos.
Amém!

Oração contra os ataques do mal

Santo Anjo da Guarda,
meu sono vem velar,
do mal me libertar
e das ciladas do inimigo me guardar.
Concede-me a proteção
contra os ataques do mal,
para que meu sono
restaure minhas forças
e no alvorecer de um novo dia
eu proclame com minha vida
as bênçãos do Senhor com meu amor.
Santo Anjo Gabriel,
dá-me serenidade ao adormecer.
Santo Anjo Rafael,
cura-me das enfermidades ao amanhecer.
Santo Anjo Miguel,
defende-me das ciladas do mal
ao longo do meu viver.
Que esta noite seja de luz e esplendor
e meu coração fique guardado sempre em teu amor.
Amém!

Oração dos motoristas

Santo Anjo do Senhor,
conduz-me em segurança pelas estradas,
livra-me dos perigos e das tentações,
dá-me a prudência diante das contrariedades,
a paciência diante do nervosismo,
e a misericórdia com os que sofrem ao longo
dos caminhos da vida.
Que meus olhos não se desviem do essencial,
e que minha atenção não seja desviada
para caminhos que me conduzem ao perigo.
Leva-me com segurança ao destino desta
viagem,
para que eu testemunhe as alegrias do Cristo em
minha vida.
Protege este veículo contra todo perigo,
e guarda a mim, o motorista,
na segurança de tua bondade.
(Se houver passageiros: Protege os passageiros
contra todo mal, para que cheguem em
segurança ao final desta viagem.)

São Cristóvão, protege-me.
Maria Santíssima: guarda-me do perigo!
Trindade Santa: Sede meu refúgio e proteção!
Amém!

Orações para encontrar a Paz

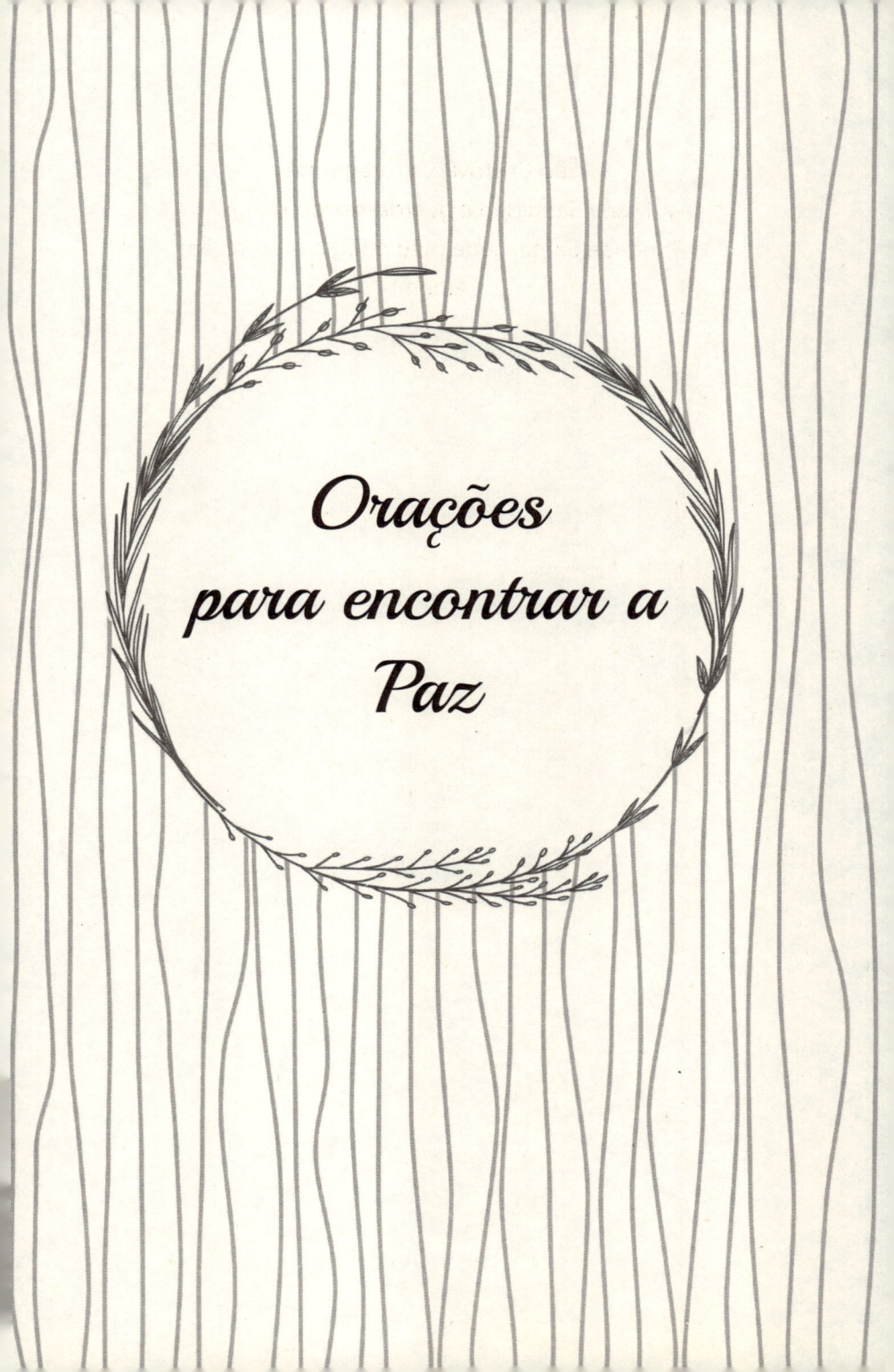

Oração da confiança

Senhor, que passaste pelo mundo fazendo o bem,
curando os corações feridos,
e derramando o suave bálsamo do amor;
fortalece minha esperança diante das
desventuras da vida.
Restabelece minha confiança nas pessoas,
e santifica minhas intenções.
Auxilia-me com a luz do Espírito Santo,
diante das decisões complicadas e de difíceis
soluções.
Cristo Jesus, amigo dos sofredores e
abandonados
que vivem solitários às margens da sociedade,
dá-me tua mão para que eu me reerga diante
das quedas,
e, restabelecido em teu amor,
caminhe na presença de tua ternura.
Contigo caminharei nas veredas da paz,
contemplarei as planícies da ternura,
atravessarei os vales tenebrosos,
e levarei tua misericórdia que me sustenta e consola
a todos que ao longo do caminho encontrar.
Amém!

Oração para iniciar um novo dia

Senhor,
no alvorecer deste novo dia
coloco-me sob teu infinito amor.
Guia meus passos, para que eu caminhe sempre
na luz de tua ternura.
Concede-me a paciência
diante das almas inquietas
e dos corações rancorosos.
Que minhas palavras curem as feridas
abertas pelas incompreensões.
Faz-me portador da boa notícia
que devolve a paz àqueles que se encontram
perdidos nas turbulências das aflições.
Dá-me o olhar da misericórdia
toda vez que eu estiver prestes a julgar.
Cala meus lábios diante das agressões,
que meu silêncio seja a resposta mais sábia
diante das agressões.
No amanhecer deste novo dia,
quero ser sinal e testemunho de teu amor

que em minha vida renova as manhãs
de uma profunda entrega
à tua vontade. Amém!

Oração de louvor ao entardecer

Senhor,
no final de mais um dia,
elevo a ti meu louvor,
e deposito em tuas mãos
a minha vida, planos e sonhos.
Sei que em meio às inúmeras tarefas
exagerei nas palavras e descuidei
dos gestos de solidariedade.
No início da noite,
onde tudo vai aos poucos se aquietando,
renovo meu pedido de perdão,
e assumo o compromisso
de recomeçar ao alvorecer de um novo dia,
sustentado em teu amor,
e ser para aqueles que hoje não fui
sinal de tua ternura e misericórdia.
Cura as feridas que eu descuidadamente abri,
e que ao alvorecer do novo dia que vai chegar

eu tenha a sensibilidade
de cuidar das almas que fiz sofrer,
derramando em cada coração
o bálsamo do perdão e do amor.
Amém!

Oração para uma noite de paz

Senhor,
no silêncio do dia que se despede
e concede boas-vindas à irmã noite,
venho suplicar-te a paz
que acalma os corações aflitos
e reconcilia as almas feridas.
Aos poucos a noite vai invadindo os espaços,
mas a luz do teu amor
é farol a nos guiar na escuridão das trevas e do medo.
Ilumina-nos com a bondade que nos capacita a
partilhar gestos de carinho e ternura.
Ilumina-nos, Senhor, com a luz da misericórdia
que olha o profundo dos corações
e acalma as tempestades da vida.
Em nosso caminhar,
seja sempre tua mão poderosa a nos guiar,
e nos vales tenebrosos,

onde as trevas tentam nos roubar a visão,
clareia nossos passos,
para que caminhem nas veredas de um novo alvorecer.
Amém!

Oração para um sono tranquilo

Santo Anjo da Guarda,
vela meu sono, por favor,
e protege-me contra todos os males,
confio em teu amor.
A ti confio minha proteção,
para que meu descanso não seja em vão.
Sê minha segurança
nas forças contra o mal,
que no combate diário
possa contigo sempre estar.
Cobre-me com teu olhar de ternura,
serenidade e amor,
guia-me em tua paz,
pois em ti confio,
e em tua gloriosa proteção
quero sempre estar.
Amém!

Oração para acalmar os pensamentos antes de dormir

Senhor, que no silêncio da noite nos convida
ao recolhimento e à paz interior,
acalma nossas emoções,
agitadas pelo transcorrer do dia,
dá-nos a serenidade necessária
para ouvirmos tua doce voz,
que nos convida à oração.
Na paz que emana do silêncio, que não é
ausência de ruídos,
mas presença de uma profunda paz que nasce
de teu amor,
acolhe nossas angústias, medos e louvores.
Somos frágeis, mas confiamos em ti.
Queremos tua paz
em cada momento do novo dia
que em breve se inicia,
Acompanha-nos, guia-nos...
Amém!

Oração para ter um coração sereno

Senhor, Mestre da Vida,
Príncipe da Paz, Rei dos Reis,
vem em meu auxílio,
pois as tempestades da preocupação
têm roubado minha paz.
O barco da minha vida
encontra-se quase submerso
pelas ondas do medo
e da ansiedade.
Minhas noites são de tristeza,
e no vale de lágrimas vivo a gritar
por socorro e compaixão.
Conduz-me pela mão,
acalma o vento impetuoso
que desestabiliza os meus sentimentos.
Afugenta de mim as ciladas do inimigo
e faz que em cada novo alvorecer
eu seja revestido de mansidão e confiança.
Contigo quero caminhar na certeza
de que nenhum mal me há de atingir,

pois tu estás comigo,
e não deixarás que nenhum mal
de mim se aproxime.
És a minha rocha e proteção,
fortaleza e consolação. Amém!

Oração para uma vida de paz

Senhor, que passaste fazendo o bem,
curando os corações feridos,
e revelando o amor em gestos concretos;
vem guiar meus passos nos caminhos do bem,
ensina-me a ser luz em meio às trevas,
concede-me a graça de seguir teus passos,
para que meu caminhar seja justo e verdadeiro.
Senhor, derrama o bálsamo da ternura
nas feridas de minha alma,
cura as marcas da mágoa e do rancor,
que em meu coração me roubam a paz.
Conduz-me a cada dia
desde o alvorecer ao anoitecer
no amor de tua misericórdia.
Amém!

Oração para pessoas estressadas

Da irritação: livra-me, Senhor!
Das palavras grosseiras: livra-me, Senhor!
Da impaciência com o próximo: livra-me, Senhor!
Da raiva sem motivo: livra-me, Senhor!

Da pressa sem necessidade: liberta-me, Senhor!
Da sobrecarga de preocupações: liberta-me, Senhor!
Das frustrações com a vida: liberta-me, Senhor!
Da competitividade que oprime: liberta-me, Senhor!

Do mau humor: livra-me, Senhor!
Das palavras grosseiras: livra-me, Senhor!
Da impaciência com o próximo: livra-me, Senhor!
Da raiva sem motivo: livra-me, Senhor!

Da pressa sem necessidade: liberta-me, Senhor!
Da sobrecarga de preocupações: liberta-me, Senhor!

Das frustrações com a vida: liberta-me, Senhor!
Da competitividade que oprime: liberta-me, Senhor!

Da falta de tempo para mim mesmo: cura-me, Senhor!
Da ansiedade constante: cura-me, Senhor!
Da baixa autoestima: cura-me, Senhor!
Da preocupação exagerada: cura-me, Senhor!

Das metas irreais: purifica-me, Senhor!
Dos pensamentos negativos: purifica-me, Senhor!
Do mau humor: purifica-me, Senhor!
Da angústia: purifica-me, Senhor!
Da competitividade que oprime: purifica-me, Senhor!

Oração para pessoas ansiosas

Santo Espírito, consolador das almas,
Médico dos corações aflitos,
acalentamento nos momentos de tribulação,
vem em auxílio de todos aqueles
que, no silêncio desta noite,
choram as mazelas do pecado,
os erros de caminhos mal escolhidos.
Acalma a tempestade que faz o barco da esperança
balançar compulsivamente com o vento do medo.
Ilumina as almas que se encontram perdidas
nas trevas do entardecer de erros e incompreensões.
Sê o refúgio daqueles que se escondem dos olhares
que condenam e das línguas que destroem vidas machucadas.
Cura as feridas do espírito

e derrama o suave bálsamo nas chagas
que sangram por piedade.
Amigo das almas errantes,
consolador dos desesperados,
que a chama suave de teu inebriante amor
restaure as almas despedaçadas,
liberta os corações ansiosos de todo mal
e fortifica os que se encontram abatidos.
Assim seja!

Oração
de perdão

Deus, Pai de amor e bondade,
em tua infinita misericórdia
acolhe todos os que se aproximam de ti
com o coração arrependido;
acolhe meu pedido de perdão
por tantas faltas cometidas contra ti e meus irmãos.
Senhor Jesus Cristo, Mestre da ternura e do amor, que devolveste a vida em plenitude a tantos homens e mulheres
imersos no pecado e caminhando nas trevas,
conduz-me nos caminhos do perdão,
e fortalece minha alma para que tenha a humildade
de pedir perdão e a misericórdia de saber perdoar.
Espírito Santo, Consolador da alma,
Advogado dos justos e Paráclito do amor,
inspira em meu coração gestos de bondade e ternura,

que devolvam aos corações angustiados a
beleza do perdão e as graças da reconciliação.
Amém!

Oração de perdão e libertação

Senhor, que convidaste Pedro
a perdoar não até sete vezes,
mas setenta vezes sete,
ensina-nos que o perdão
é fonte de libertação,
para uma vida plena de graça
diante de ti.
Que seguindo teu exemplo de amor
possamos perdoar as pequenas
e grandes ofensas.
Santo Espírito de amor,
ajuda-nos a viver o perdão
como caminho de restauração
para o coração acorrentado
pelo ódio e ofensas.
Vem auxiliar-nos a pedir o perdão
e a concedê-lo em todos os momentos
de nossa caminhada existencial.
Perdoa-me, Senhor:
pelas vezes que não amei o meu irmão,

pelas vezes que blasfemei contra teu santo nome,
pelas vezes que não fui solidário.
Perdoa-me, Cristo:
por não ser luz,
por não levar a paz,
por agir com agressividade.
Perdoa-me, Senhor:
porque fiquei longe de teu amor,
porque semeei o desamor,
e porque não fui fiel ao teu amor na dor.
Amém!

Oração para perdoar de coração

Em nome do Pai, do Filho e do Espírito Santo. Deus, Pai de amor e bondade, que em tua infinita misericórdia acolhes todos os que se aproximam de ti com o coração arrependido, acolhe meu pedido de perdão por tantas faltas cometidas
contra ti e meus irmãos.
Senhor Jesus Cristo, Mestre da ternura e do amor, que devolveste a vida em plenitude a tantos homens e mulheres imersos no pecado e caminhantes das trevas, conduz-me nos caminhos do perdão e fortalece minha alma para que eu tenha a humildade
de pedir perdão e a misericórdia de saber perdoar.
Espírito Santo, Consolador da alma, Advogado dos justos e Paráclito do amor, inspira em meu coração gestos de bondade e ternura, que

devolvam aos corações angustiados a beleza
do perdão e as graças da reconciliação.
Amém!

Orações a Maria

Louvor a Maria Santíssima

Ave, cheia de Graça,
Ave, Eva do Mundo Novo;
que por seu Sim
nos trouxe a Salvação
à vida e ao coração.

Salve, Maria,
escolhida entre todas as mulheres,
sem pecado e Imaculada,
nos acompanha em cada passo.

Nossa Senhora da Obediência,
do Silêncio e do Sim;
Intercede junto a Cristo,
por nós e pelo amor sem fim.

Oração a Nossa Senhora de Fátima

Senhora de Fátima,
Rainha da Paz e Mãe Divina do Amor,
em teu amor maternal deposito minha vida,
dores, alegrias e preocupações.
Senhora da Misericórdia,
intercede junto a Cristo Jesus pelas minhas intenções.
És Mãe e confio em tua valorosa intercessão.
Mãe dos pequenos e humildes,
ensina-me a viver no amor de teu amado Filho,
nosso Senhor Jesus Cristo.
Senhora do Rosário,
que, vivendo os mistérios da fé,
eu testemunhe na vida tua caridosa proteção.
Amém!

Oração a Nossa Senhora da Paz

Querida e amada Senhora da Paz,
Mãe do Amor e da Ternura,
Virgem do Silêncio e da Caridade,
que no ventre nos trouxeste a salvação:
Jesus Cristo, Senhor nosso;
olha por teus filhos e filhas
que humildemente suplicam tua intercessão.
Senhora do Sim, acolhe em teu amor cada pedido,
que de corações suplicantes
imploram a paz para suas famílias.
Senhora de Nazaré, volta teu olhar para todas as famílias
que passam por dificuldades temporais e espirituais.
Mãe do Amor Divino,
acolhe em tuas maternas mãos as lágrimas dos sofredores,
que peregrinam sem rumo nem esperança,

e sozinhos não mais conseguem se libertar dos
soframentos presentes.
Concede esperança aos tristes e força aos
desanimados.
Senhora da Saúde, olha com maternal proteção
por todos aqueles
que se encontram enfermos.
Apresenta a Jesus cada um daqueles que se
encontram enfermos
*(diga o nome de todos os enfermos por quem
deseja rezar para que Nossa Senhora os apresente
a Jesus Cristo).*
Santíssima Virgem, intercede por todos aqueles
que perderam o sentido da vida e caminham nas
trevas da depressão.
Mostra-lhes a luz que é teu Filho Jesus.
Mãe da Paz, acolhe nossas súplicas
*(apresente suas súplicas pessoais a Nossa Senhora
Rainha da Paz),*
e junto ao teu amado Filho, nosso Senhor Jesus
Cristo,
intercede por nós, teus filhos e filhas,
que confiamos em teu amor de Mãe.
Amém!

Consagração a Nossa Senhora

Senhora da Paz, Rainha do céu e da terra,
Virgem Prudentíssima e Mãe Misericordiosa,
a ti consagro meus passos,
para que sempre se conduzam aos necessitados;
consagro meu sorriso,
para que leve esperança aos corações desanimados;
consagro minhas palavras,
para que sejam bálsamo que cura as almas feridas;
consagro meus ouvidos,
para que ouçam com amor as dores e alegrias de meus irmãos e irmãs;
consagro meus olhos,
para que eu sempre veja o que há de bom nas pessoas;
consagro meus sentimentos,
para que me inspirem atitudes de amor e paz;
consagro meus dons,

para que estejam a serviço dos necessitados;
consagro minha família,
para que seja exemplo de unidade;
consagro meu trabalho,
para que me santifique diariamente;
consagro minha vocação,
para que eu seja fiel ao chamado recebido;
consagro meu coração,
para que seja semelhante ao coração de Cristo;
consagro todo o meu ser,
para que, seguindo a Jesus Cristo, eu
testemunhe o amor
com gestos concretos de misericórdia.
Amém!

Consagração ao Imaculado e Misericordioso Coração de Maria

Rainha da Paz, Senhora do Amor Divino,
que tiveste o coração trespassado
pela dolorosa espada do sofrimento
ao veres teu amado Filho Jesus Cristo
carregar nossas dores no caminho do Calvário,
e ser pregado por obediência ao Pai
e amor à humanidade;
acolhe em teu amor maternal
os nossos sofrimentos espirituais e corporais.
Virgem Imaculada,
que foste preservada do pecado original,
misericordioso é teu coração de amor,
que sempre te colocou a serviço dos
necessitados.

Consagro neste dia a minha vida e família
ao teu Imaculado e Misericordioso Coração.
Ampara-me nas tribulações,
e sempre me conduz pelos caminhos da
caridade e da paz.
Senhora dos Aflitos e Mãe das Almas Errantes,
intercede sempre a Cristo por minhas
necessidades,
e ensina-me, por teu exemplo de obediência
à vontade divina de Deus,
a ser fiel aos ensinamentos de Jesus Cristo,
nosso Mestre e Senhor.
Amém!

Orações pela família e pelos amigos

Oração da esposa pela família

Jesus, Filho adotivo de José,
que nasceu do ventre amoroso
da Virgem Maria;
acolhe minha família em teu amor.
Assim como viveste em um lar
de paz e ternura,
ilumina minha casa com tua luz misericordiosa.
Afasta-nos de todas as ciladas do inimigo,
e guarda-nos em ti.
Maria, Senhora do Amor Divino,
Mãe de Nazaré, Rainha da Paz,
ajuda-me a ser uma mãe
que ame a família como tu amaste.
Diante das dificuldades
ajuda-me a conservar o silêncio amoroso.
Ensina-me a viver no lar
os ensinamentos de teu amado Filho,
nosso Senhor Jesus Cristo.
São José, Esposo Fiel,
Homem Justo, Servo Obediente,

olha por meu esposo,
e intercede junto a Jesus
por suas necessidades
temporais e espirituais.
Quero ser sempre uma esposa amorosa,
e ajudar meu marido a ser um homem
segundo o coração de Deus.
Sagrada Família de Nazaré,
olhai por meus filhos,
e que eu e meu esposo
tenhamos a sabedoria de educá-los
no amor de vossos princípios.
Amém!

Oração pela paz na família

Senhor Jesus, que habitaste em uma família
e sabes o valor de um lar,
olha com benevolência para minha família.
Afasta de meu lar todos os perigos e intrigas.
Livra-nos do mal da fofoca e da discórdia.
Socorre-nos quando a tempestade da divisão
tentar derrubar os alicerces de nossa fé.
Vem em auxílio com tua luz,
diante das trevas que procuram
esconder-nos do amor fraternal.
Maria, esposa de José,
Mãe do Salvador,
intercede por meus familiares,
diante de teu amado Filho Jesus.
Abençoa nossos passos,
e ensina-nos o valor do silêncio que cura,
diante das ofensas que machucam e ferem a alma.
São José, justo por excelência,
ajuda-nos a ouvir a voz de Deus

diante das contrariedades da vida
e ensina-nos o caminho da justiça
que nos aproxima uns dos outros.
Sagrada Família de Nazaré,
que, seguindo o exemplo de humildade
que nos deixaste,
aprendamos a viver com o essencial
e partilhar o pão do amor
com todos, e assim possamos ser
um lar de paz e bênção.
Amém!

Oração para ter uma família abençoada

São José, esposo castíssimo da Virgem Maria,
homem justo e fiel aos desígnios de Deus Pai,
ensina-nos a silenciar quando as tempestades das palavras
ofuscam o equilíbrio da paz em nosso lar.
Que na confiança divina recuperemos a serenidade,
e que no diálogo possamos estar unidos em amor.
Maria, Virgem Santíssima,
Mãe do Amor Misericordioso,
auxilia-nos com tua intercessão diante das situações difíceis,
cobre-nos com teu manto maternal diante das incompreensões
e desventuras da caminhada,
e mostra-nos o caminho da ternura seguindo os passos
de teu amado Filho Jesus Cristo.
Jesus Cristo, Príncipe da Paz e Rei das

Misericórdias,
auxilia-nos nos caminhos da bondade, do
perdão e da unidade,
por teu exemplo divino ilumina nossos passos,
para que vivendo em harmonia sejamos para o
mundo
testemunhas de tua Sagrada Família de Nazaré.
Dá-nos a paz e liberta-nos do mal.
Amém!

Oração para a santificação das famílias

Sagrada Família de Nazaré,
Jesus, Maria e José,
que fostes para o mundo
um exemplo de unidade e amor,
auxiliai nossas famílias no caminho da santificação.
Maria, Senhora da Ternura,
que, acolhendo o desígnio divino,
acolheu no ventre o Redentor da Humanidade,
ensina a acolhermos Jesus Salvador
em nossos lares.
Que a presença de Cristo ilumine os corações deprimidos,
cure as feridas da alma
e afaste de nossas casas toda presença do mal.
São José, Homem Justo e Bondoso,
intercede por nossas famílias,
que são atormentadas por todos os tipos de vícios.

Afasta de nossos lares o mal que nos rouba a paz
e ensina-nos a fazer a cada dia a vontade do Pai.
Cristo Jesus, Mestre da Vida
e Senhor Soberano,
que Teu Sagrado Coração
derrame as bênçãos de amor e paz
em cada coração,
e que sob tua proteção
nossas famílias sejam santificadas
em tua glória e em tua misericórdia,
para que reinando em nossos lares
e em cada coração
possamos louvar-te
na assembleia dos justos.
Amém!

Oração para os amigos

Senhor, amigo dos pobres e sofredores,
consolador das almas tempestuosas,
médico da vida e mestre da sabedoria;
venho hoje pedir tua proteção para meus amigos.
Olha por aqueles que vivem distantes fisicamente da minha presença,
mas perto de meu coração e de minhas orações.
A geografia das distâncias não nos separou
da ternura que cultivamos ao longo da vida.
Não permitas que eles se percam nos caminhos tenebrosos
e sê para cada um luz a guiar suas escolhas e caminhos.
Assim como visitaste tantos enfermos e devolveste
a eles a saúde e a vida em plenitude,
olha com misericórdia por meus amigos enfermos.
Derrama sobre suas feridas temporais e

espirituais
o bálsamo do amor e da cura.
Diante do sofrimento concede a eles a esperança
da vida,
fortalece cada coração na fé e na paciência.
Que eles encontrem na força da oração
o socorro consolador diante do desânimo e da
aflição.
Perdoa, Senhor, minhas faltas contra meus
amigos.
Sei que por vezes fui egoísta e não ouvi os
conselhos
que poderiam ter evitado tantas situações
perturbadoras.
Fiquei muitas vezes com raiva e isto fez muitos
deles se afastarem de mim.
Que eu tenha a coragem de pedir perdão a
todos quantos magoei,
e encontre junto deles a graça de ser perdoado.
Dá-me também a força libertadora de perdoar
quem um dia
feriu minha alma com palavras e gestos.
Diante de teu exemplo de amor,
quero ser portador da paz e da reconciliação.
Amém!

Orações diversas

Oração para seguir os passos de Jesus

Bom Pastor, que nos conduzes
pelos caminhos seguros,
e nos proteges em teu amor,
queremos caminhar contigo,
e semear teu Reino de Paz.
Olha com carinho
por nossas crianças,
adolescentes, jovens,
adultos e idosos,
e sê para eles proteção e amparo.
Desperta no coração de todos nós
o desejo de te seguir.
Que no coração de todos germine
a vocação da entrega total
de nossa vida ao teu chamado.
Que sob tua bondade possamos
viver em plenitude os nossos dias.
Amém.

Oração dos consagrados ao Senhor

No altar da vida,
estenderei a toalha da compaixão.
No pão e vinho consagrados,
testemunharei tua infinita misericórdia.
Em cada nova manhã,
renovarei minha fidelidade;
e a cada poente,
renderei graças a ti,
por me chamares e me consagrares
a ser sinal de teu amor entre os povos!
Amém!

Consagração ao Sagrado Coração de Jesus

Jesus Cristo, Rei do Universo e Senhor Onipotente,
que sempre te aproximaste dos pecadores e excluídos,
acolhe minha pequenez em tua infinita e grandiosa misericórdia.

Neste dia que te é consagrado
festejamos as virtudes celestes de teu Sagrado Coração,
no desejo de que nosso coração seja semelhante ao teu.

Consagro neste dia em teu Sagrado Coração:
todo o meu ser, no desejo de que minha vida seja um testemunho contínuo de tua misericórdia
que transforma vidas e restaura corações.

Sagrado Coração de Jesus,
Fonte de Misericórdia Divina:
louvado sejas por tão grande amor!

Oração do pecador arrependido

Separei-me de teu amor,
e encontrei pelo mundo a dor.
Sem rumo peregrinei,
andei por caminhos que não eram
os que um dia me ensinaste.
Sempre foste meu Pai,
e eu achava que poderia ser filho longe de ti!
Longe de teus braços e de teu amor,
nada preencheu meu vazio!
A cada dia longe de tua presença,
as minhas noites não tinham estrelas,
o frio do inverno da distância insistia em não me deixar,
e as manhãs eram sempre sem o Sol de teu amor.
Caminhei por dentro de meu próprio coração
e, já cansado da viagem,
lembrei-me de Teu amor.
Foi assim
que a vida me sorriu novamente!

E voltei para ti!
Humilhado e sem vida,
para que diante de teu amor
eu tivesse a minha dignidade resgatada.
Tu me acolheste e me amaste...
Em teus braços me senti
o mais rico dos homens.
Pois amor de Pai
não tem ouro e prata que comprem.
Somente quando te abandonei
foi que realmente te encontrei.
E hoje aqui estou,
de volta ao teu amor de Pai.
Amém!

Oração da pecadora arrependida

Apenas me olhaste,
contemplaste meu coração
sofrido pelos erros.
As pedras que iriam
me sepultar
deram lugar
à luz de uma nova manhã!
Não me condenaste,
simplesmente amaste em mim
o que eu era.
Aos poucos fiquei a sós contigo,
minhas palavras se fizeram silêncio,
não tinha nada para te oferecer
a não ser a gratidão
em devolver-me a vida
que o passado havia roubado de mim!
Eu tão pequena,
e tu tão humano.
Eu tão pecadora,
e tu tão divino.

Foi em teu sorriso
de possibilidades
que abandonei
um passado de ilusões,
separei-me do passado de meus erros
e acolhi
o presente de teu amor.
Amém!

Oração pelos falecidos

Na dor da saudade
que sufoca meus dias
e atormenta minhas noites,
coloco-me sob tua proteção, Senhor.
Tu sabes que não está sendo fácil
a dor da saudade.
Meu coração sufocado de angústia
chora dia e noite a ausência de quem um dia
compartilhou comigo a alegria da vida.
Senhor, eu não estava preparado para deixar ir
quem eu mais amava.
Tu sabes da minha dor e de minha saudade.
Meus dias perderam a beleza do amanhecer,
e minhas noites parecem não ter fim.
Hoje, abandono-me em teu amor misericordioso.
Sei que não compreendo tudo o que aconteceu,
e necessito de teu conforto e consolação.
Acredito na ressurreição,
e que junto de ti a felicidade sem fim
é um eterno mergulho em teu amor.

Ilumina com a luz de teu infinito amor a alma de
(*diga o nome dos seus entes queridos falecidos*).
Diante de minhas angústias e tristezas, conforta-me
com a esperança de que a vida não nos é tirada,
mas sim transformada.
Por isso mesmo, transforma minha dor em
esperança,
recolhe minhas lágrimas de saudades,
e que ao alvorecer de um novo dia
a saudade seja memória de amor,
daqueles que Contigo hoje contemplam
tua face misericordiosa
e são abraçados por teu infinito amor.
Assim seja!

Oração pelas almas

Cristo Senhor, que venceste a morte com a força
da Ressurreição,
ilumina as almas que Contigo estão.
Livra as almas sofredoras do purgatório,
e concede-lhes viver sob a graça
de tua infinita e misericordiosa bênção.
Dá às almas perdidas a orientação necessária
para que, abandonando-se ao teu amor,
encontrem a felicidade plena
na glória de teu Reino de Amor.
Assim seja!

Oração de súplica a São José

São José, alegres louvamos teu exemplo
de doação paternal a nosso amado Jesus.
Homem da obediência e do silêncio,
ensina-nos por teu exemplo
a colocarmos nossa confiança nas mãos
do Pai Celestial.
Não nos desampares nas quedas,
e assim como não deixaste Jesus abandonado,
caminha conosco, intercedendo a Deus por nós.
Nas angústias, ouve-nos,
nos perigos, defende-nos,
na dor, fortifica-nos,
na tristeza, dá-nos esperança,
nas tempestades, acalma-nos!
Castíssimo São José,
ensina-nos a zelar por nossa família
com amor constante e cuidado diário.
Livra nossas famílias dos perigos espirituais e
temporais,
e acompanha-nos com tua constante proteção.
Amém!

Ladainha da Gratidão

Pai Misericordioso, que nos geraste nas fontes do amor;
Cristo Senhor, Príncipe da Paz, que nos trouxeste a salvação;
Espírito Santo, Paráclito do Amor, que nos animas na missão:
ensinai-nos a ter um coração agradecido por tantos benefícios que recebemos de tão sublime presença em nossa alma.

Por minha vida: obrigado, Senhor!
Por minha família: obrigado, Senhor!
Por meus amigos: obrigado, Senhor!
Por meu trabalho: obrigado, Senhor!

Por minha vocação: obrigado, Senhor!
Pelos meus dons: obrigado, Senhor!
Pelo bem que posso praticar: obrigado, Senhor!
Pela natureza: obrigado, Senhor!
Pelo céu estrelado: obrigado, Senhor!

Pelas chuvas: obrigado, Senhor!
Pelo sol: obrigado, Senhor!
Pelo frio: obrigado, Senhor!
Pelo calor: obrigado, Senhor!

Por quem pratica o bem: obrigado, Senhor!
Pelos santos: obrigado, Senhor!
Pelos testemunhos de vida: obrigado, Senhor!
Pelos que semeiam a paz: obrigado, Senhor!

(Complete a Ladainha da Gratidão com seus agradecimentos próprios.)

Índice

Prefácio 7

Como iniciar uma vida de oração 11

Orações para os momentos de fraqueza 31
Oração para superar a depressão 33
Oração contra a depressão 35
Oração do enfermo 37
Oração de cura interior 39
Oração de cura e libertação 41
Oração de cura e libertação para alcoólatras 43
Oração de libertação espiritual 45
Oração para a cura das feridas espirituais 46
Oração de restauração da alma 48
Oração para recomeçar 49
Oração para ouvir a voz de Deus na vida 51
Oração de restauração 53
Oração de transfiguração 54

Orações para pedir proteção 57
Oração de proteção contra o mal 59
Oração ao Anjo Protetor 61
Oração ao Anjo da Guarda 62
Oração aos Divinos Arcanjos 63
Oração poderosa a São Miguel Arcanjo 64
Oração contra os ataques do mal 66
Oração dos motoristas 67

Orações para encontrar a Paz 69
Oração da confiança 71
Oração para iniciar um novo dia 72
Oração de louvor ao entardecer 74
Oração para uma noite de paz 76
Oração para um sono tranquilo 78
Oração para acalmar os pensamentos antes de dormir 79
Oração para ter um coração sereno 80
Oração para uma vida de paz 82
Oração para pessoas estressadas 83
Oração para pessoas ansiosas 85
Oração de perdão 87
Oração de perdão e libertação 89
Oração para perdoar de coração 91

Orações a Maria 93
Louvor a Maria Santíssima 95

Oração a Nossa Senhora de Fátima 96
Oração a Nossa Senhora da Paz 97
Consagração a Nossa Senhora 99
Consagração ao Imaculado
   e Misericordioso Coração de Maria 101

Orações pela família e pelos amigos 103
Oração da esposa pela família 105
Oração pela paz na família 107
Oração para ter uma família abençoada 109
Oração para a santificação das famílias 111
Oração para os amigos 113

Orações diversas 115
Oração para seguir os passos de Jesus 117
Oração dos consagrados ao Senhor 118
Consagração ao Sagrado Coração de Jesus 119
Oração do pecador arrependido 121
Oração da pecadora arrependida 123
Oração pelos falecidos 125
Oração pelas almas 127
Oração de súplica a São José 128
Ladainha da gratidão 129

Escreva para o autor partilhando as graças que recebeu rezando as orações contidas neste livro:
flaviosobreiro@yahoo.com.br

Visite nosso site:
www.padreflaviosobreiro.com

A marca FSC® é a garantia de que a madeira utilizada na fabricação do papel deste livro provém de florestas que foram gerenciadas de maneira ambientalmente correta, socialmente justa e economicamente viável.

Este livro foi composto com as famílias tipográficas Segoe UI, Rochester e Playball e impresso em papel pólen bold 70g/m² pela **Gráfica Santuário**.